SOPA DE LETRAS

CON VOCABULARIO DE INGLÉS

Aprende inglés de manera divertida

FRANCISCO GARCÍA SÁNCHEZ

PRESENTACIÓN

Esta sopa de letras está recomendada para niñas y niños de 6 a 9 años. También es recomendable para cualquier persona que se está iniciando en el aprendizaje del idioma, o bien, para las personas que ya cuentan con cierto nivel y que quieran reafirmar su vocabulario de inglés. Tiene la finalidad de que practiquen, de una manera entretenida, el vocabulario del idioma, ya que es esencial para aprender una lengua extranjera.

Esta sopa de letra pone especial énfasis en el entorno en el que interactúan las niñas y niños, de tal manera que el vocabulario con el que están integradas parte de los temas que más identifican en el día a día y, de manera progresiva, conforme avanzan en la solución de las sopas de letra, se van incluyendo temas que les persuade a aprender nuevo vocabulario de inglés.

En cuanto a su estructura, cuenta con un índice temático, con la finalidad de que pueden seleccionar, si así lo desean, la sopa de letra que quieren resolver. También es importante mencionar que la sopa de letra contiene vocabulario que se considera que ya deben conocer, así como nuevo vocabulario del mismo tema.

Para las personas que se inician en el aprendizaje de este idioma, se recomienda resuelvan las sopas de letras conforme la secuencia de los temas y, a partir del número 30, seleccionen la sopa de letra que quieran resolver, para que sea de más utilidad y que reamente se diviertan.

ÍNDICE

1. LA FAMILIA

D W J V I J T V H G
A R E H T O R B J L
Y N R E T H G U A D
C P L Y F O X D U T
O A M O M I G Z S O
U U N C L E W L O F
S M B I T N U A N R
I M G R A U K M E U
N P P Q R E T S I S
B C T I D A D I G W

DAD   MOM   SON
DAUGHTER   BROTHER   SISTER
COUSIN   UNCLE   AUNT

2. LA CASA

```
H T N E M E S A B M
O C X M L G E M B F
U R Y Q Y T G M C B
S X E O E G A R A G
E N E H C T I K O R
L T W I N D O W G Y
B A T H R O O M H T
T K U S R I A T S Q
L M D O O R D N Y J
F I R E P L A C E O
```

HOUSE   GARAGE   BATHROOM
FIREPLACE   BASEMENT   KITCHEN
WINDOW   DOOR   STAIRS

3. LA ESCUELA

```
B R O T C E J O R P
I B Q G Y M G P M R
M D T O U F A X L S
L I B R A R Y Q I I
B A T H R O O M E R
E Z L A D E S K Y T
Q T C A L A B P L N
E R A S E R M B K T
C L A S S R O O M A
B L A C K B O A R D
```

CLASSROOM   LAB   BLACKBOARD
ERASER   DESK   GYM
PROJECTOR   BATHROOM   LIBRARY

4. LOS ÚTILES ESCOLARES

```
V R E L U R U I X E
S P U V T P E N C K
C H S N T H S U R B
I C O L O R S X D R
S R E L P A T S N T
S C E P U L K O Q R
O X A M F D N C S T
R A U N O Y A R C W
S H A R P E N E R E
B M Z A L I C N E P
```

CRAYON   PEN   RULER
PENCIL   SCISSORS   SHARPENER
STAPLER   COLORS   BRUSH

5. LOS LUGARES PARA DIVERTIRSE

```
W P N W D F F C J U
L A C S R O O I Q X
X Y O X T R H R Q F
G T U Q D E P C Z F
A K R B A S F U O A
R V T B W T I S O C
D B E A C H K R A P
E L N S S P U M H J
N V E M U E S U M K
O R Q E R T A E H T
```

PARK   THEATRE   ZOO
MUSEUM   CIRCUS   BEACH
COURT   GARDEN   FOREST

6. LOS JUGUETES

TRAIN   DOLL   BALL
KITE   AEROPLANE   CAR
BLOCKS   SKATES   RATTLE

RED	BLUE	GREEN
YELLOW	ORANGE	PINK
GRAY	BROWN	WHITE

8. LOS NÚMEROS DÍGITOS

ONE	TWO	THREE
FOUR	FIVE	SIX
SEVEN	EIGHT	NINE

9. LOS SENTIDOS

```
J P W Z Q N R V V M
A E H G K Y W E I V
T H F U E W X D L K
A R U D A Y X C R S
Z P A T A S T E A M
V Y H G E U H A B E
P R A E M I R F G L
F G H Z G H C T V L
Q Q W B E J B O Q U
N D M R C H C U O T
```

SMELL EAR TASTE

VIEW TOUCH

10. LOS OLORES Y SABORES

SWEET   SOUR   FRAGRANT

SALTY   BITTER   ROTTEN

ACID   RANCID

11. LOS ANIMALES

```
T O C N T S W Y Y C
R T S X E F A O D A
A J E E N F I S H T
B I E S R O H D G S
B Z K H L D O G X H
I T V D R I B B Q E
T N P C I E T K M E
B J J V S M T Q T P
Y M K N T Q B M A L
E R E T S O O R E D
```

DOG   CAT   RABBIT

FISH   BIRD   SHEEP

LAMB   HORSE   ROOSTER

12. LAS ACTIVIDADES PARA DIVERTIRSE

DANCE	SING	SWIM
PAINT	CLIMB	JUMP
RUN	GUESS	PLAY

13. LOS TRANSPORTES

```
T F G E T C G T Q B
Q X B O A T R A C C
B G Z T R A I N H L
H E N I R A M B U S
A I R P L A N E D K
T U B U S E R M D O
H E L I C O P T E R
S Z S W S T H C A Y
X E V Y Q E V G N V
T B I C Y C L E F R
```

AIRPLANE   BICYCLE   BOAT
BUS   CAR   HELICOPTER
SUBMARINE   TRAIN   YACHT

14. LOS ALIMENTOS

```
E A K T A V L B N M
N T Q U E S E E H C
P G E B S S P H Y S
O N L E T A O C U H
U L O F E L R W O H
L B P I A A K W R H
T H Q S K D O U I A
R X Q H F W G E C M
Y A G M G F T O E R
C H O P B X K N I R
```

CHEESE	RICE	SALAD
PORK	CHOP	HAM
STEAK	FISH	POULTRY

15. LAS BEBIDAS

MILK	WATER	JUICE
SODA	SMOOTHIE	COFFEE
TEA	ORANGE	LEMONADE

16. LAS FUTAS

APPLE BANANA GRAPES
MANGO PEACH PINEAPPLE
PLUM STRAWBERRY WATERMELON

17. LOS VEGETALES

```
L E G A B B A C W S
E H C C E L E R Y D
T B S V I L L I H C
T U C A R R O T O P
U Z Z O T A T O P I
C D K H P J X E R Z
E F L W J V Q B E G
L W T D R A H C J U
E B E X S N A E B O
Z O R C I L R A G U
```

BEANS	CABBAGE	CARROT
CHILLI	CELERY	CHARD
GARLIC	LETTUCE	POTATO

18. EL CLIMA

SUNNY   CLOUDY   FOGGY
HOT   WINDY   SHOWERY
HUMID   ICY   COLD

19. LAS PARTES DEL CUERPO

E	E	Y	E	B	R	O	W	X	G
Y	M	X	E	Y	E	L	I	D	U
E	F	O	R	E	H	E	A	D	O
L	V	T	F	F	O	X	P	G	I
A	P	T	E	Y	E	V	R	P	H
S	A	W	E	A	R	R	K	P	Z
H	C	E	K	E	E	H	Z	L	A
E	P	N	I	H	C	N	A	V	K
S	A	V	C	B	O	R	I	A	H
T	T	H	L	N	O	W	Z	B	J

HEEK   CHIN   EAR

EYE   EYEBROW   EYELASHES

HAIR   EYELID   FOREHEAD

```
G N C P A C E E N K
Z K H P S K S B I R
F D E N I P S K C V
R P B U C R U M E F
K O O G F N D Z J Q
C O L L A R B O N E
S K U L L F N D O J
W Y T E E T H L Z V
M E T A T A R S A L
E M P P E L V I S M
```

COLLARBONE	KNEECAP	SKULL
METATARSAL	TEETH	PELVIS
RIBS	FEMUR	SPINE

21. LA INFORMACIÓN PERSONAL

```
M S W N E M A N P A
T B I L O S E X P D
R H D C F Z O P T D
W D O G E L A M J R
I R W F E M A L E E
D Z E T E G C U R S
O P R D R M A G E S
W Y P I N R G Q V K
U Z H J U K A D C K
T D E T A R A P E S
```

ADDRESS	SEX	MALE
FEMALE	SEPARATED	WIDOW
NAME	WIDOWER	AGE

WINTER SUMMER AUTUMN
SPRING FALL

23. LOS DIAS DE LA SEMANA

MONDAY	TUESDAY	WEDNESDAY
THURSDAY	FRIDAY	SATURDAY
SUNDAY		

24. LA APARIENCIA Y CARACTERÍSTICAS DE LAS PERSONAS

HANDSOME	UGLY	TALL
SHORT	SKINNY	SLIM
THIN	OLD	YOUNG

25. EL CUARTO DE DORMIR

```
V D Y B F I C O O S
C T F E K U U M C W
A E M D R G R I W W
R E J L K X T R U O
P H I C J E A R C L
E S A A T A I O D L
T C E W J I N R N I
K S S E R T T A M P
B E D D I N G G N F
J Z T L I U Q L S N
```

CARPET   MIRROR   PILLOW
BEDDING   CURTAIN   QUILT
MATTRESS   SHEET   BED

26. LAS CALLES

J M A V E N U E N V
D N A M E C I L O P
K S E W E R S T R Y
L M P M U T L E O A
A G M T K P A H A W
W H B G C G N P D H
E B R I D G E B N G
D Z G E I P T X I I
I Z P F B P F L U H
S T L S T R E E T T

SIDEWALK   POLICEMAN   AVENUE
HIGHWAY   ROAD   STREET
LANE   BRIDGE   SEWERS

27. LOS LUGARES EN LA CIUDAD

BANK	LIBRARY	CASTLE
CATHEDRAL	CINEMA	BUILDINGS
CEMETERY	CONSULATE	STADIUM

TOYSHOP	CREAMERY	MARKET
DELI	PERFUMERY	BOOKSHOP
SHOPS	BOUTIQUE	FURRIER

29. EL BAÑO Y EL ASEO PERSONAL

SHAVER	TOWEL	SHAMPOO
SPONGE	SOAP	COMB
SHOWER	TOWEL	LOTION

30. EL AUTO

OIL	PARK	STARTER
BATTERY	BREAKDOWN	SEAT
DRIVER	CAR	HEADLIGHT

31. LAS PROFESIONES

CHEMIST   LAWYER   ECONOMIST
ENGINEER   BIOLOGIS   DOCTOR
NURSE   DENTIST   ACCOUNTANT

32. LOS OFICIOS

```
D N A M T S O P T F
D R E R E T I U R F
Q W R O L I A S M E
B R I C K L A Y E R
B B V T N Y Y O E Z
Y E R E H C T U B E
K R E N E D R A G X
U Z S R E L B B O C
G A N X B R E K A B
O R E T N E P R A C
```

BAKER   COBBLER   BRICKLAYER
FRUITERER   BUTCHER   CARPENTER
GARDENER   SAILOR   POSTMAN

```
P V K A M R O T S A
O M A B O A R D O G
R Q Z I R O L I A S
T B V F L E E T B O
U G E E X X Y A U Q
N K R A B M E A L S
B E S R M V T X K J
Q J S O N K T G G M
V C E T A G I V A N
N S E A A O Z Q P L
```

SAILOR	NAVIGATE	PORT
SEA	QUAY	ABOARD
EMBARK	FLEET	STORM

34. EL BUQUE

```
G F G Q Z U M F B U
X Z R S R E D D U R
W E E B O W W K F G
B R E A K W A T E R
X S S A P M O C T V
O Y X S T E R N J T
Y M O O R I N G S M
N Z E T A M A N J E
S W M C R E W I N U
F D R A O B R A T S
```

BREAKWATER   STERN   BOW
MATE   STARBOARD CREW
MOORINGS   RUDDER   COMPASS

```
Y L F O U R O H Z X
C K U I R W C J A K
X S O W T O N E N B
J L N D Z U G R A M
I S E V E N V C F E
J X N X Q E E R H T
A H I L S I X Y T Y
F U N K O V W Q S T
S L E M J F I V E M
I K P T H G I E Z J
```

ONE	TWO	THREE
FOUR	FIVE	SIX
SEVEN	EIGHT	NINE

36. LOS NÚMEROS ORDINALES

```
L S F H T R U O F Z
N D T S R I F R Z E
L L G K B R P Y B I
K K X X M U K D H G
E S I X T H U L P H
T H I R D N D H N T
R D N O C E S G O H
F N H T F I F I V G
C H T N E V E S X C
J S F D H T N I N F
```

FIRST   SECOND   THIRD

FOURTH   FIFTH   SIXTH

SEVENTH   EIGHTH   NINTH

37. EL TRANSCURSO DEL TIEMPO

```
J X Q Y J N T Y K P
O H T W Q C O E Y Y
M L O W E E K S X M
D G K T M N Y T X O
E F C O I T H E K N
C S T D A U Y R G T
A H M A D R E D E H
D B D Y A Y A A J A
E Y F I Y N R Y T Y
O W O R R O M O T U
```

DAY	TODAY	TOMORROW
YESTERDAY	WEEK	MONTH
YEAR	DECADE	CENTURY

38. LA TEMPORALIDAD

S Y L H T N O M C T
C W E E K E N D A H
H N D A I L Y O L A
E Y L R A E Y T E Q
D V Y L K E E W N V
U P M P X E A U D Q
L Y B R C T E M A M
E T H G I N O T R G
I J M N I P H F U E
R R D F V L M Z V R

DAILY   TONIGHT   MONTHLY
YEARLY   WEEKLY   WEEKEND
CALENDAR   SCHEDULE

39. LOS MESES

```
L C U O Q D K C X V
E J A N U A R Y N J
V S V L K J Y L U J
S E P T E M B E R G
Z S A D M A R C H I
F E B R U A R Y X P
Q W M C M E N U J M
I O A U E T B U G P
W Z Y T S U G U A P
W W O L I R P A V I
```

JANUARY	FEBRUARY	MARCH
APRIL	MAY	JUNE
JULY	AUGUST	SEPTEMBER

40. LOS VERBOS

```
L V Y W K Y J Z W Y
F U I A P T E G V W
Q L Z N Z W O N K E
Z I B T C H Z T Y L
P K L H A V E P V R
N E J V L P X W I U
G L Z K O T A K E Z
O F V V V D O D A Y
E E C H Y B G O A H
M O E B Q T E B N I
```

BE	HAVE	GO
TAKE	DO	GET
KNOW	LIKE	WANT

41. LOS VERBOS MODALES

```
I M V S B W W Y A M
A U T H G I M N A C
U S I K E L L A H S
B T D S R D L U O C
B X J F K E R B L H
E O D I C L K M P L
Z L L I W M F W B W
C O A B K X K E T Q
W O U L D V U T I N
F S H O U L D S O H
```

CAN   WILL   MAY

SHALL   SHOULD MIGHT

COULD   WOULD   MUST

42. LOS PRONOMBRES

I	YOU	HE
SHE	IT	WE
YOU	THEY	

43. LA FAMILIA DOS

```
G Z A M D N A R G N
R N R O B T S R I F
A R E H T O M D O G
N F X M D A D D Y H
D V D A D N A R G Y
P P H O D A U N T G
A A S J J V C U O B
Z M L Y M U Q B P X
C O U S I N G W X I
K R E H T A F D O G
```

AUNT	GRANDMA	GRANDAD
GRANDPA	GODMOTHER	GODFATHER
FIRSTBORN	DADDY	COUSIN

44. EL PARENTESCO

```
Q E F I W Q X E E B
B D N A B S U H F R
M J W O R P H A N U
U E V I T A L E R Q
G I R L F R I E N D
Q S A D O P T E D Q
G E N E R A T I O N
V Q E Z O A T L X Q
U S R O T S E C N A
O D N E I R F Y O B
```

ADOPTED	BOYFRIEND	HUSBAND
ANCESTORS	WIFE	RELATIVE
ORPHAN	GIRLFRIEND	GENERATION

45. LAS ENFERMEDADES

```
S  D  I  S  E  A  S  E  J  L
M  I  A  S  T  H  M  A  Y  Z
A  L  A  N  A  B  C  B  P  S
L  L  H  S  P  M  U  M  K  N
L  N  O  L  M  J  W  E  D  U
P  E  Y  D  J  F  L  U  P  L
O  S  J  K  F  T  K  K  S  C
X  S  H  X  M  K  H  L  B  E
Y  G  N  I  H  G  U  O  C  R
Z  S  I  T  I  T  A  P  E  H
```

ASTHMA	DISEASE	ILLNESS
FLU	MUMPS	HEPATITIS
COUGHING	ULCER	SMALLPOX

46. LOS MATERIALES DE CURACIÓN Y LAS MEDICINAS

```
I E P G A U Z E M M
N Y A M B J L Y J E
J J I P A B O M G D
E G N L N M D M J I
C U K A D I C S A C
T A I S A C L I X I
I T L T G U F T C N
O E L E E L L I P E
N C E R E L D E E N
P Q R F S P O R D L
```

MEDICINE	PAINKILLER	NEEDLE
GAUZE	BANDAGE	PILL
INJECTION	DROPS	PLASTER

```
G Z R H N U E Y Z Z
S I N R I V P U S H
C I E S I U R B Y W
A N S C R A T C H R
B J P J U T U C L E
S U U E S I U R B Y
I R D R E T S I L B
S Y M V J C N Z N X
M G E C U Y O W J E
B G F V S C A R I W
```

INJURY	BLISTER	CUT
PUS	SCAB	BRUISE
SCRATCH	SCAR	BRUISE

```
E S Z F M G N U L A
N K B E L C S U M V
W J L K C F U I W O
B C O G P U J M D M
O J O R E V I L M F
N N D H C A M O T S
E D T R A E H W K T
A P P E N D I X U J
I N T E S T I N E L
M N X B Q Z O E H D
```

BONE	BLOOD	STOMACH
INTESTINE	APPENDIX	LUNG
MUSCLE	LIVER	HEART

49 LOS DEPORTES

```
B O X I N G Y C K H
P J G O L F Y T P S
C H F F I G M O V G
V O L L E Y B A L L
Q L O R I D I N G E
B A S E B A L L R R
F O O T B A L L Y O
Q J F S K I I N G G
F O O T B A L L L Z
B A S K E T B A L L
```

RIDING	GOLF	SKIING
FOOTBALL	BOXING	VOLLEYBALL
BASEBALL	BASKETBALL	FOOTBALL

```
I T I N E R A R Y B
T D S P S R E P A P
L P A S S P O R T P
T L U G G A G E P T
W U S B K V H Z J H
K C M X L E T S O H
I H Y A T S C X Y U
M G O T I C K E T Y
G S U I T C A S E U
C U S T O M S X I R
```

CUSTOMS   HOSTEL   ITINERARY
PAPERS   SUITCASE   LUGGAGE
STAY   PASSPORT   TICKET

51 LA ROPA

```
F Q O S O C K S L V
X W V M I T R I K S
R B E S H I R T B Z
C V R J A C K E T V
C G C M Y V G W J I
L C O A T N I Y E N
O W A J S W Q Q A O
A J T T P A C H N L
K A Y C J V N L S O
L N B C B D X B J G
```

OVERCOAT   SOCKS   SHIRT

CLOAK   COAT   JEANS

SKIRT   JACKET   CAP

```
E A S M U E S U M W
P R E T N I A P Y V
I N T N E M U N O M
C R R L S C C S W E
T R O T P L U C S N
U R N G I S E D K B
R E R U T P L U C S
E R J C S C P B I G
O W R I T E R V S R
B X S T A T U E M J
```

DESIGN	PAINTER	MUSEUM
SCULPTURE	MONUMENT	STATUE
WRITER	SCULPTOR	PICTURE

53 LA MUSICA

```
H A N H R J A Z Z H
S O N G D A L L A B
T A Q O U K P Y F D
E X Q Y C I S U M L
R O K T R E C N O C
E K S G Y D O L E M
O P X E B S K M K Z
K J D Q Z R Y P B G
P I T A P E R H Z X
A R S D R O C E R J
```

BALLAD	SONG	CONCERT
RECORDS	MELODY	JAZZ
TAPE	STEREO	MUSIC

54 LOS INSTRUMENTOS DE MUSICA

```
D S T E N A T S A C
R N O I D R O C C A
U Z T E N I R A L C
M E T U L F S F H F
N O G R S G C I M K
Z K G U I T A R U Z
B W V A V X I I C A
X N O O S S A B L I
E T E P M U R T S N
V N I L O I V B J C
```

ACCORDION   CLARINET   TRUMPET
GUITAR   FLUTE   VIOLIN
CASTANETS   BASSOON   DRUM

```
P O L E S T A R O M
K D I O R E T S A C
P X D S O M S O C W
N W J B Y R A T S Y
C R E C L I P S E Y
O B T A I O O T X S
M F W Z W X X P L K
E V Q G A L A X Y Y
T Y R C S P A C E N
T W Q W M W J M D G
```

GALAXY	ASTEROID	COMET
POLESTAR	ECLIPSE	COSMOS
STAR	SPACE	SKY

```
E S U N A R U J C V
N A R E T I P U J D
E Z W X S R A M M F
P N R U Q X Q E C E
T M G V E N U S Q A
U O J R H Q Z N P R
N Y V A X C M T A T
E A S A T U R N N H
P X M G Y F W N C T
C Y D Y R U C R E M
```

MERCURY   NEPTUNE   VENUS

SATURN   MARS   URANUS

JUPITER   EARTH

```
S H D I P Y A B G G
C A N A L N A C H K
W L L A F R E T A W
I I D G T Z U F I K
V P B F F I L C I F
P M A E R T S P L L
G P C Z Y F M Q V O
R Z C L I M A T E W
S Y R A T U B I R T
W A T E R F A L L S
```

CLIFF	BAY	CANAL
WATERFALLS	FLOW	WATERFALL
CLIMATE	TRIBUTARY	STREAM

```
I Z R E T R O P X E
S C A R C I T Y L D
Z R C I M O N O C E
D I M P O R T E R D
J H G H R E F F O E
T C F Q V O J U R M
P Y T I C R A C S A
L H S A C Z Z B X N
P I T E G D U B X D
M Z H U M D C N O Y
```

SCARCITY   EXPORTER   DEMAND
ECONOMIC   CASH   BUDGET
OFFER   SCARCITY   IMPORTER

59 EL COMERCIO

```
M C O N S U M E R N
A A F B U Y E R C T
R E T A I L E R Q P
K N N G I E R O F J
E T R A D E N L M S
T P O Q I O E B H Q
I D O M E S T I C H
N T D U V W P H B O
G R T N A H C R E M
B P U R C H A S E A
```

MARKETING   FOREIGN   TRADE
PURCHASE   MERCHANT   DOMESTIC
CONSUMER   BUYER   RETAILER

60 EL BANCO

R X Z Z L O A N Z E
I C F L K Q P C D C
N C H E C K C A E K
T Z F L V L O S P X
E C O I N S A H O M
R U B R A N C H S Z
E D B Y D H A B I N
S F B I L L S U T O
T K I C K T H R X G
N D O U D W B L W D

BILLS   CHECK   DEPOSIT
CASH   BRANCH   COINS
LOAN   INTEREST   CASH

61 EL ESTADO METEOROLÓGICO

```
P S K L I A H C W M
F V F R O S T U E U L
L C Y C L O N E M T
X P A U N D W C R T
G C P F R E E Z E G
T O U C L P M V W G
W L Y T I D I M U H
G D M I L D C R R Q
S F A R E W O H S D
S T H G I R B Y C Z
```

HUMIDITY	HAIL	FREEZE
FROST	BRIGHT	MILD
CYCLONE	COLD	SHOWER

```
L S D Q L P D T X O
W B U D T N M I Y L
F P L T E U Q U O B
L A Q H N V C W A S
O L L E B E U L B B
W L I D O F F A D C
E N O I T A N R A C
R Y S I A D C K H C
N E A I L H A D L X
B X P A I N O G E B
```

FLOWER   CARNATION   DAISY
BOUQUET   DAHLIA   BLUEBELL
BEGONIA   BUD   DAFFODIL

63 LOS ÁRBOLES

```
I G E M F W B F H G
X F B U D S E F C W
B A R K Y H M E A F
D D W L E A F W F I
K C H C N A R B C A
T W I G F T R E E U
R E T R U N K M K G
T G Q T O O R Y E K
B E I H L Q L X Z C
C J B P T I U R F N
```

TREE   TRUNK   BARK
ROOT   FRUIT   BUD
BRANCH   LEAF   TWIG

64 LOS NOMBRE DE LOS ÁRBOLES

S	S	S	E	R	P	Y	C	K	F
Q	C	W	E	L	P	A	M	Y	I
R	E	O	V	E	L	M	W	I	R
V	D	K	H	K	G	M	E	Y	W
A	A	P	L	K	S	W	I	H	B
J	R	P	O	P	L	A	R	W	Q
F	K	N	M	E	N	I	P	F	L
R	R	R	E	P	E	E	R	C	T	B
D	D	G	C	X	I	M	K	A	O
S	S	S	D	Q	Z	H	D	D	W	S

PINE	CREEPER	ELM
POPLAR	CYPRESS	MAPLE
OAK	CEDAR	FIR

```
C H E C K M A T E Q
Z K N K I N G V E U
W I P O H S I B N E
W K O O R N F M Q E
G V K U X E R E P N
P C A S T L E Q U H
A E Y Z F V D C L G
W N J G C H E S S I
N K L J P J W T K Z
X J T H G I N K O G
```

CHESS   CASTLE   BISHOP
PAWN   CHECKMATE   KING
KNIGHT   QUEEN   ROOK

```
N Y L P I Q V Z M F
E T E S B D V H D P
J F A N G X D O F B
B K R Q I X R R E E
K I Y G I L L N A A
K X A N T L E R T K
O Y X W A L C V H P
M J K N G H U D E A
S G X B K R U F R M
N E H O O F J L R M
```

HORN	FANG	BEAK
ANTLER	CLAW	FUR
HOOF	GILL	FEATHER

67 LOS VERBOS DOS

```
Z M D M Z I W V A U
Q O G U N B W H T R
G T O T E G D A Q G
R E K A T B O V H S
L S P G M T A E Q E
S W O N K Z F S Y E
I W Y V J Y A S S E
T P K Y C K Y F E U
J M A K E A S R E Q
U C G J X P S E M G
```

HAVE	GET	SAY
MAKE	KNOW	DO
GO	SEE	TAKE

```
B R O R R I M W G G
K Y P I Y O E E H W
A P O O P M A H S M
O Z R E V A H S E T
S Q K I J J I M X O
C M O O R H T A B I
O S R N L V H V I L
M L F A U C E T R E
B W D R A I N V Z T
A Z Y R O T A V A L
```

BATHROOM	COMB	MIRROR
FAUCET	LAVATORY	SHAVER
SHAMPOO	TOILET	DRAIN

```
Q F O R K B N Z Q I
B L O W N A P X Q P
A G Z H K I U K L J
E R C I J G I N T R
E I U S C G J I L G
K L P K L B T F F H
Y L P L A T E E E G
F V S P O O N L R C
G Z O T S T O V E A
L W M B D P V R H R
```

SPOON   CUP   PLATE
GRILL   STOVE   FORK
PAN   WHISK   KNIFE

70 LOS VERBOS TRES

```
C L M Y B K C A A R
L Q K Q E X J Y H F
U X F Z C J P U M C
S H O W O B H M S C
A L D N M N F J E H
A E T N E E U A E T
P A R F E E L E M J
B V Y H S D E M Q R
Y E L P Y N A E M A
B O H K R O W J I H
```

MEAN	NEED	BECOME
SEEM	FEEL	LEAVE
WORK	SHOW	TRY

```
T E L E V I S I O N
T E L E P H O N E G
T P A I N T I N G T
U I P F J A Z U V P
M A Q P G J H A A G
R P Z U W R U M S S
U E M L A M P R E O
G P R I P L A N T F
S J Q B I K I E N A
R E C L I N E R M G
```

LAMP	SOFA	RECLINER
TELEPHONE	VASE	RUG
PAINTING	PLANT	TELEVISION

```
F X S R E W O L F H
A B C S W I N G J E
K D H V U C K V E D
I M S T N A L P D G
Q O R C H A R D U E
F X O B R E T T E L
B O E X G D P M X I
F L O W E R P O T S
Z O I T A P G V G H
L A W N V B P N Y K
```

FLOWERPOT	HEDGE	LETTERBOX
FLOWERS	PATIO	LAWN
PLANTS	SWING	ORCHARD

B B O G N I M A L F
A P A O B I H P S L
N W E A G L E V W T
D O V E D X S X W G
P X E I G D U B E M
E E H B C R A N E J
I M S F A L C O N H
C X D R A Z Z U B B
B C A R D I N A L Q
H R C A N A R Y W S

BUDGIE	CARDINAL	BUZZARD
DOVE	CRANE	CANARY
EAGLE	FALCON	FLAMINGO

H	Y	S	N	E	E	Z	E	T	Y
B	A	E	L	A	H	X	E	A	Q
X	W	E	H	C	C	D	O	P	Y
C	H	G	U	O	C	B	B	N	A
Q	V	N	J	P	R	U	B	S	W
B	M	T	E	L	A	H	N	I	N
B	E	X	V	S	I	G	H	G	R
O	P	M	E	R	O	N	S	N	X
P	M	B	R	S	P	A	M	Y	W
R	C	N	L	L	O	T	S	M	F

INHALE	SNEEZE	EXHALE
CHEW	COUGH	SNORE
BURP	YAWN	SIGH

75 LOS VERBOS CUATRO

```
E M H Y Z R D U I Q
H W A N T F A B X C
O I T U T U P O Z O
J F H S X Q A Y D M
W H I E K O O L L E
P F N K L E Y E V U
F C K X N E W R Z O
Z G F S H H L L E T
M Z U R E V I G F S
W G D N I F F H W W
```

THINK   GIVE   COME
LOOK   TELL   FIND
PUT   USE   WANT

A W M S R J U N O C
C E R O T C A S S O
T S M L I F O Y A M
R T J I X R C U J M
E E O V Z C M J L E
S R C I N E M A Z R
S N F S I R S J V C
E P I S O D E I F I
L N O O T R A C K A
B Q C O M E D Y E L

CINEMA	COMEDY	FILM
COMMERCIAL	WESTERN	CARTOON
EPISODE	ACTOR	ACTRESS

```
H B U C K E T S V W
A A M B O X B Y S B
Y S Z Z N E Q C G A
L K C V N B D A Q R
F E A K B A A R G R
Q T N F Y G U T Z E
R J V E L T T O B L
L L W O B L I N W K
I S T S I T T C K J
U J X U R V J W L K
```

BAG   BUCKET   BOTTLE
BARREL   BASKET   BOX
CARTON   BOWL   CAN

```
T A M O L P I D I W
S E M E S T E R D S
W L V W G F O P I U
L H O L I D A Y S B
G K S T U D E N T J
D F M N B F P O K E
D B F M A X E F B C
F G R A D E U M W T
S F K R O W E M O H
C J C O U R S E C D
```

COURSE   SEMESTER   EXAM

SUBJECT   DIPLOMA   STUDENT

GRADE   HOMEWORK   HOLIDAYS

```
A G R L I V N A T I
B I B C M G S E F P
R M O A D D A G I G
O L L B D F A P L C
C E T L G E W P E H
A T I E T I E E U I
F D Q L L I R D B S
D B C Y D Q E X A E
M Y I V E N R C Z L
B S B G J E X W H Z
```

ANVIL　　　AWE　　　CHISEL
AXE　　　　FILE　　　DRILL
GIMLET　　BOLT　　　CABLE

M O A N D J F G X R
G B R I N G D L O H
L Q V F O L L O W Q
V T H N I G E B E R
C C F E U I D T E B
S W H E N R U T L I
K M E K I L G V A Q
R J Q K E E P E K Q
P P E D I V O R P X
K V V O I K L L A C

CALL   HOLD   PROVIDE
TURN   BEGIN   BRING
LIKE   FOLLOW   KEEP

Acerca del Autor

El autor lleva más de 20 años en el sector educativo. Ha sido Instructor Comunitario a nivel primaria en comunidades rurales con el Consejo Nacional de Fomento Educativo (CONAFE). También ha impartido diversas materias: Probabilidad, Estadística, Pensamiento Numérico, Pensamiento Algebraico, Cálculo Diferencial e Integral, Economía e Inglés, a nivel medio y superior; integrando nuevas técnicas y métodos de enseñanza, con el objetivo de que aprendan de manera divertida y que los alumnos logren sus competencias. Pero, sobre todo, con el reto de que disfruten su proceso de aprendizaje.